LE RECVEIL
DES BALLTS.

Qui ont esté ioüez deuant la Majesté du Roy.

Auec les personnages qui auroient presenté aux Dames leurs airs, billets, dictons, vers & chants Royaux.

Par P. B. S. D. V. Historiographe du Roy.

Aux Apprentifs Salut.

LE BALET ayant esté representé par plusieurs Autheurs accordables, qui ensemblement auroient deliberé à la conference des Poettes Philosophes & Musisciens recreatifs, qui cognoissent les Dames d'honneur, à la disposition & alegresse, contemplatiues aux quatre perfections de l'homme qui sont, Beau, Riche, Sain & Ieune, dequoy en essence ils auroient par vne boutique fourny vne Blancque de beautez & richesses admirables, au contentemens des Sains viuans & regnans, qui aderét aux cinq youloirs

A

Le Recueil
de leurs Majestez, ou ce dicton leur fut representé pour la Blancque.

IE viens du pays d'Allemagne,
De Saxe, & aussi des Grisons,
Où i'ay veu des marchands d'Espagne
Qui apportent des draps à foisons
Pour fournir vne belle Blancque
Où ils m'ont dict que rien ne manque
Et que ce doit estre à Paris
A l'Houstau du Sire Louis.
Et que l'on a des benefices
Pourueu qu'on face sacrifices
A la Deesse, ou demy-Dieu
Qui est habitant en ce leeu.
Allons nous y en tous ensemble
Ce sera bien faict ce me semble
Allons donc compere Colas.
Vien-ça cousin Simon le Gras,
Dy moy de quelle marchandie,
Dy le moy tost, quoy qu'on en die
I'ay les plus beaux verre iolis
Qu'on sçauroit trouuer à Paris:
Et moy la meilleure eau de vie
Que tu ais iamais beu en ta vie.
Voicy nostre Vallet de feste
Qui vient icy faire la beste,
Pourueu que l'argent ne nous manque
Il nous faut tirer à la Blancque.

Laquelle Blancque fut posée dedans le Louure en triomphe, & publiée au bon-soir

& au bon sejour, le Dimanches vingt-deuxiesme de Ianuier.

Le Commissaire fut le premier representé par Monsieur le Duc de Croüis, declara icelle affaire en façon de ceremonie, & rapportant tout ordre pour empescher qu'il n'y ariuast quelque tumulte, & representa son authorisation par escript aux Dames, ainsi qu'il est contenu.

IE suis icy pour le procés verbal,
C'est moy qui tient les registres du bal,
Si d'auenture il s'y fait insolence,
Soudain par moy la iustice s'aduance,
Ce ieu permis s'establis en ce lieu:
Or vous sçauez qu'Amour est vn grand Dieu,
Qui sur les cœurs à puissance infinie,
Ie croy de vous que pas vn ne le nie,
Deuant vos yeux i'ateste son pouuoir,
Que nul icy ne mancque a son deuoir,
On ne sçait pas les secrets de nature,
Ny du hazard la douteuse auanture,
Si bien ou mal vous arriue pourtant
Receuez-le d'vn courage constant,
Ie viens expres pour establir l'affaire,
De par le Roy, ie suis bon Commissaire,
Et si d'huille de reins i'assigne,
Pour supporter en paix mon signe,
A Dieu ie me retire sans d'autre rire.

A ij

LE PLAISANT fut representé par monsieur Gerin, vestu à la guoguette, contrefaisant le Boetteux miserable, qui incita la compagnie à la resjoüissance de tous bons accords, où il fut veu par l'assemblée, & presenta son billet aux Dames.

Vous autres qui prenez plaisir
A danser vos bouffonneries,
Vous deuez tous auoir desir
De voir mes tours de singerie:
Il se faut donner du bon temps,
Quand ce n'est pas à ses despens.

LE SOLDAT fut representé par Monsieur le Comte de S. Agnen, arriuant auec sa grauité, fourny d'armes pour monstrer l'exercice de l'arc militaire, offrant son seruice en toute obeissance, caressant les Dames qui estoient proches de la blanque & leur presenta son seruice.

Voicy le compagnon de Mars
Qui cherche par tout les hazars.
Et ne fait estat de fortune
Non plus que des flots de Neptune.
Rien ne le peut endommager,
Il vient icy comme estranger,
Pour s'aduancer en ceste blanque,
Sans crainte que l'argent luy manque.
C'est vn soldat auantureux

De qui l'aime il est amoureux,
Et le masque n'a l'aduantage
De pouuoir cacher son courage.

Il ne fait pas tant le mignard,
Et tient bonne espee & poignard,
Quelque benefice qu'il tire,
Il le donne, & fust-ce vn Empire.

S'il pouuoit trouuer du bon-heur,
Autant qu'il s'est acquis d'honneur:
De vous seruir il se propose,
Et mesprise tout autre chose.

L'ESCLAVE fut representé par Monsieur de la Ferté Feruaques, qui par son habilité & forteresse auoit nauigué & prins sa nourriture sur la haute mer, mere du support des mors, Mores, Normans, François & Bourguignons, lequel s'acosta des Dames qui deuoient assister aux trois ballets preparez, l'vn au Louure, l'autre chez Monsieur Scaron, & l'autre dedans l'Arcenat, où il leur presenta son chant Royal, soubs la surseance des gens de guerre, qui rouloient les balles des canons & boulets des mousquets.

IE ne crains plus les fameuses chansons,
Ny les magiques leçons
Que font ces veilles Sorcieres:
Car la haute mer à conduit mon retour
En ce lieu, ou se trouue des lumieres,

A iij

des Balets.

Qui admirerent le Ciel de mon beau seiour.
Guerroyans pleins d'honneur n'auront effroy,
Pour rendre seruice au couronné Roy
Soubs sa faueur & des ombres
Qui suisse au decord en diuers lieux,
Pour reparer les parolles sombres
Tenues au beau seiour de par les Dieux,
qui r'allient & remettent les esprits,
Aux esclaues à quelque apris,
D'auoir veu l'eclair sortir du tonnerre,
Qui console la terre par les gens de guerre,
Viuans en paix auec les Dames,
S'approchant du Purgatoire où sont les feux,
Qui sortent des beaux yeux des fames,
Ne brulans rien n'est si digne qu'eux.

L'EMOVLEVX fut representé par Monsieur le Comte d'Auuergne, qui par la Noblesse crie gaigne petit, pour inciter à faire accommoder les armes de cuisine, seruans aux affineurs bouchers & gens de guerre, qui auroient licensé & separé le caresme enuoyé en champagne, & prenant au perche sur la frontiere des Normars, qui font l'an accordé par le hola des Dames, fait à l'adieu des gens d'armes, & presenta son chant royal.

Pour moy ie suis gaigne petit,
De seruir i'ay bon appetit,
En bien faisant rien ne m'estonne,
Si quelqu'vne veut voir comment,

Le Recueil
Qu'elle s'approche seulement:
Car ie n'en refuse à personne.

 Mon ouuroir fort bien preparé,
A nul autre n'est comparé,
Ie sçay comme l'on s'accommode,
Pour les Dames i'ay des outils
Qui ne sont point trop inutils
A chacune selon sa mode.

 En fin de mon gentil sçauoir,
Mes Dames s'il vous plaist de voir
La prompte & bonne diligence,
Il ne faut que vous auancer,
Ie suis tout prest de commencer,
Vous en aurez l'experience.

LE PAYSANT fut representé par Mōsieur le Duc de Rais, faisant trafic en Laboureur, qui contemploit les richesses d'icelle Blancque, pensant par estimation eualuer les pieces & estoffes, à cause que le Paysant participe au grand iugement, qui presenta ces airs aux Dames.

IE suis vn peu rude paisant,
Ie n'ay pas la perruque blonde,
Le taint frais, le regard plaisant:
Mais ie suis assez suffisant
Pour rendre vne terre feconde.

Le Recueil

Ie n'ay pas l'air d'vn amoureux,
Ne mesme la peau delicate,
Du trauail ie suis desireux,
I'ay le bras fort & vigoureux,
Et n'est motte que ie n'esclatte.

 Si le terroir est par trop gras,
Apres la premiere baichée,
Ie reprend, pour faire mon cas,
Auparauant que ie sois las,
Ma besoche bien emmenchee.

 Pour moy ie ne m'espargne point,
Quelque terre que ce puisse estre,
Ie quitte chausses & pourpoint,
Et trauaille si bien à point
Qu'à la fin ie m'en rends le maistre.

 Aux terroirs les plus frequentez
Il y a moins de peine à prendre,
Si tant soit peu vous les tastez,
Incontinent vous desgoutez :
Car ce n'est rien que de la cendre.

 Ie ne refuse pas pourtant
L... gne qui se presente,
I... edit qui n'a contant,
I... faictement constant,
I... ue mon trauail contente.

...DINIER fut représenté par mõ-
... ieux, où il presenta aux Dames de
belles

des Balets.

belles fleurs, differentes de couleurs, & bouquets d'herbes de senteurs.

Poussé & ceste erreur commune,
Qui fait adorer la fortune,
Pour l'heur qu'elle tient dans ces mains,
Ie viens tirer à ceste Blancque,
Soubs sa faueur qui souuent manque,
A l'esperance des humains.

Ie viens d'vn cœur plain d'innocence,
Esprouuez (si par sa puissance)
I'auray les biens qu'elle depart:
Et si sa faueur fortuite,
Fera qu'en defaut du merite,
Ie les acquiere par hazard.

Belles Dames dont les merueilles,
N'ont point au monde leurs pareilles,
Ces fleurs que ie vous ay presentez,
Font voir icy plusieurs beautez:
Et si ie tire icy vn benefice,
Ie vous en feray Sacrifice.

Le Charlatan fut representé par Monsieur de Sainct Luc, ayant vne boeste pleine de drogues d'Apotiquaire, auec des senteurs, qu'il presentoit aux Dames, auec son memorial.

De mon estat ie me reconforte,
Plusieurs viennent de mesme sorte,
A qui fera le meilleur tour:
Trompe qui peut c'est la deuise,

B

Chacun s'accommode à sa guise,
Aussi bien au ieu qu'en l'amour.
　　Soubs l'esclat d'vne belle iuppe,
Ie ne passe guere pour duppe,
Mais ie faicts trotter le poulet,
Ie baise les mains, ie regarde,
Mon Page souuent ie hazarde,
Qui sçait bien iouer son rolet.

　　En fin i'ay si bonne fortune,
Qu'il en tombe tousiours quelqu'vne,
Et i'entends si bien leurs façons:
Que sans donner Carquant ny chesne,
Et sans trop les mettre à la gesne,
I'en suis quitte pour des chansons.

L'Indien fut representé par Monsieur le Marquis de Rosny qui auoit des miroirs ardens, où il representoit à toute l'assemblée & la Blancque, le tout plus grand qu'il n'estoient. Donc les representa au iugement des Dames, auec son air & chant Royal.

Vous que l'honneur a contrainct à se taire,
　　(Et souffrir sans parler)
Ie voy icy des Singes pour vous complaire
　　Et pour vous consoler:
Afin qu'au moyen d'vn songe gratieux,
Puisse contenter les desirs de celle qu'aimez mieux.

L'Escrocqveur fut representé par Monsieur de Criqui, qui taschoit à courtiser les Dames, leur presentant son dicton.

D'Escroqueur ie faicts l'exercice,
Toutesfois sans grand artifice,
Ny me peiner aucunement :
Si ie trouue vne chappe cheute,
C'est là dessus que i'execute
Mon petit faict gaillardement.

Ie ne voudrois prendre la peine
De tracasser en tire laine,
Comme la pluspart des mattois :
Iamais bon-heur ie ne refuse,
N'importe pas si l'on s'abuse,
A me voir faire le courtois.

S'il vous plaist d'en nommer vn autre,
Qui plus que moy soit du tout vostre,
Ne qui les Dames serue mieux :
Qui le dise, & l'ose entreprendre,
Ie veux estre reduit en cendre,
Par le doux feu de vos beaux yeux.

LE FOL fut representé par monsieur le Conte de la Voute, auec des Cymballes & Sonnettes, saluänt l'assemblée de ioyeuses folies en son chant Royal.

QVe sert tant d'armes à porter,
Pour faire le peuple espouuenter
Au bruit des cloches d'Armes :
Qui ne cessent de tabouriner
Donnant de fauces allarmes,
Ie veux me rendre du Clergé,
Pour recueillir sans semer,
Et viure bien à mon aize:

J'iray à la chasse monté,
Et veoir ma commere l'Abbesse,
Car l'Abbé ie chanteray,
En bon langage qu'exposeray
Pour estudier la game,
Car apres auoir bien repensé
Bé my, aré vt, ne vaut pas gé.

L'ASNE fut representé par monsieur Marets auec vn autre incogneu qui emeurent le combat pour auoir la preference de Prescheur ou Practicien à la ioyeuse assemblée.

CEs deux Cheualiers incogneuz,
(Dont la valeur incomparable)
A tant de combats soustenus,
Qu'au monde leur gloire est notable :
Ont fait væu solemnellement
De bien seruir parfaitement.
  On ne les voit point desguiser,
Masquez en cent formes nouuelles,
Pour trop finement abuser
La simplicité des plus belles :
Les charmes dont ils sont armez,
C'est de seruir pour estre aymez.
  L'honneur, la constance & la foy,
La courtoisie & la franchise,
En tout temps ont donné la loy
A leur generense entreprise,
Estimant que c'est liberté
D'estre captifs d'vne beauté.

des Balets.

Le combat fut fait par vn fol qui auoit des armes, & vn sage qui tenoit vn ballet, dequoy des verges en fait les ballets aux soldats, fut epousté, le second ballet le vint degager & separer, apportant balles, billes, rondeaux pour tirer quelque benefice ou prieuré à la blanque.

Le seruiteur fut representé par Monsieur du Viuier, qui cria de l'eau de vie.

IE suis armé de toutes pieces
Et si i'ay de forts bons seconds,
Iamais ie n'ay manqué d'adresse
Pour bien sonder iusques au fonds
Laissons parler quoy qu'on en die
Ie vous fourniray d'eau de vie.

LE SERGEANT fut representé par Monsieur Cecilien qui faisoit des contraintes aux Dames en singerie.

SI ie porte vn habit de singe
Sans braguette ny flageollet,
Ce n'est pas que dessous mon linge
Il n'y ait vn bon pistollet,
Qui tire trois coups sans amorce
Tout par Amour sans qu'on le force.

LE COVRTISANT fut representé par monsieur Amulot qui carressoit les gens de bonne façon, pensant accoster quelque benefice fourcheu, à condition foubs fon apparence qui prefenta aux Dames.

MOn pere eſtoit d'vn noble parantage,
Ses armes eſtoient ainſi que mon bonnet,
Il m'a laiſſé pour tout bien en partage
Quatre bouteilles, & vn grand gobelet.

Le Maquereau fut repreſenté par monſieur Samant, qui de la ſcience d'autruy en fait marchandiſe en la Court.

ON me cognoiſt pour homme entier
Franchement ie faicts le meſtier
Petit & bon ceſt mon attente
Ie beſongne tant que ie puis,
Au gain trop aſpre ie ne ſuis,
D'honneſteté ie me contente.

La Putain fut repreſentée par Monſieur Morel, eſtant effronté, voulant iuger des inſtrumens de nature, qui incita la dance du premier Balet allant à la Blancque, tira par cabriolles des billets de hazard.

Le Sot fut repreſenté par monſieur du Port qui faiſoit de l'ignorant auec les reuerence d'entendement, qui s'informoit s'il eſtoit de nature ou de becarre, ſe preſentant aux Dames.

Le Verrier fut repreſenté par monſieur de Parade, à crier verre iolis & belles fiolles.

Le Valet de la feste fut representé par monsieur Pinçon qui portoit des billets pour la Blancque.

L'assistant fut representé par monsieur de Curcy & Malandré, suiuâs à danser au Balet, puis allerent tirer à la Blancque.

Le Page fut representé par monsieur Payenne qui emporta le prix de la disposition.

L'armafrodite fut representé par monsieur de Mont-aigu, qui paroissoit tenir des deux natures, voltigeant tousiours en l'air.

Le Herpignot fut representé par monsieur Augustin qui paya le monde de vent & de comptes pour aller à la Blancque.

LA fiebvre au poulse se taste,
Le leuain corrompt la paste,
Ie vous ayme vniquement
Si me seruiez fidellement.

Qui veut en trop de lieux pretendre,
Ne prend rien en pensant tout prendre.

On deuine bien sans le dire,
De quel mal vostre cœur souspire.

Le bon homme est vn peu trop vieux,
Choisissez vne autre fois mieux.

On vous a donné des allarmes,
Qui vous font ietter maintes larmes.

Bien que vous viuiez enfermée,
De plus d'vn vous estes aymée.

Le Recueil des Ballets.
Vous ne pouuez rien enflammer,
Pour estre aymée il faut aimer.

Ne craignez les ans inconstans,
La vertu n'est subjette au temps.

LA deliberation d'iceux Ballets a esté conferée au grand College qu'auoit fait preparé le feu regretté Henry le Grand qui se plaisoit à instruire ces guerriers escoliers en la recreation mōdaine qui est le reueil au iugement de la resurrection, comme chacun c'est representé à son estat deuant la notable assistance aspectiue à la reduction pacifique, ainsi qu'il leur a esté remonstré par icelle poüesie & Philosophie soubs l'authorité & permission de leurs Majestez qui accorderēt le congé à iceux danseurs, disposez ioüeurs, à qui honorablement leur fut par les Dames presenté des doux baisers par accollations, & confitures & consummez au departement du premier Ballet joué dedans le Louure.

Le second Ballet fut commencé à trois heures du matin à l'Hostel de Monsieur Scarron.

Le troisiesme Ballet fut ioué dedans l'Arcenal tout de mesme.

www.ingramcontent.com/pod-product-compliance
Lightning Source LLC
Chambersburg PA
CBHW070434080426
42450CB00031B/2408